PEUPLE
PAPES ET ROIS

DÉDIÉ

AUX AVEUGLES ET AUX ESCLAVES

DE TOUS LES PARTIS

PAR

J. REYNIER, Tisseur

« C'est un pas vers l'avenir que
je voudrais aider à faire. »

Prix : 1 Franc

SOMMAIRE : Préface. — Introduction. — Lanterne magique. —
L'on juge l'arbre par ses fruits. — Connaître l'origine du mal,
c'est indiquer le remède. — L'éducation c'est l'homme. — Le
remède. — Ordre moral, Spiritualisme et Matérialisme. — Ordre
physique, Liberté, Ordre. — Qu'est-ce que le socialisme ? — La
vision. — L'utopie. — Postface. — Conclusion.

En vente chez l'Auteur, Grande-Côte, 59
ET LES PRINCIPAUX LIBRAIRES.

—

LYON — 1871

PEUPLE
PAPES ET ROIS

DÉDIÉ

AUX AVEUGLES ET AUX ESCLAVES

DE TOUS LES PARTIS

PAR

J. REYNIER, Tisseur

« C'est un pas vers l'avenir que
je voudrais aider à faire. »

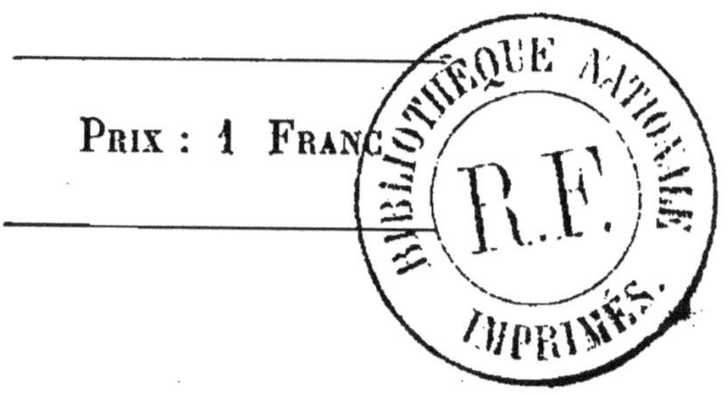

PRIX : 1 FRANC

SOMMAIRE : Préface. — Introduction. — Lanterne magique. —
L'on juge l'arbre par ses fruits. — Connaître l'origine du mal,
c'est indiquer le remède. — L'éducation c'est l'homme. — Le
remède. — Ordre moral, Spiritualisme et Matérialisme. — Ordre
physique, Liberté, Ordre. — Qu'est-ce que le socialisme ? — La
vision. — L'utopie. — Postface. — Conclusion.

EN VENTE CHEZ L'AUTEUR, GRANDE-CÔTE, 59
ET LES PRINCIPAUX LIBRAIRES.

—

LYON — 1871

A MONSIEUR DESROCHE

EX-COLONEL DE LA 4ᵐᵉ LÉGION DU RHONE

Monsieur

Amené par une circonstance toute fortuite à vous communiquer mon manuscrit, vous m'avez non-seulement encouragé à le mettre au jour, mais encore facilité la publication au moyen d'une souscription.

Permettez-moi donc de vous en témoigner ici toute ma reconnaissance et me croire votre bien sincère et dévoué serviteur

J. REYNIER.

PREFACE

Depuis longtemps la langue me démangeait, et mes doigts étaient impatients de se promener sur le papier. J'ai résisté longtemps à cette envie, par une excellente raison. Obligé, dès mon enfance de pourvoir à tous mes besoins, je n'ai pas reçu l'instruction du collége ; et si ma main est assez habile pour fabriquer un tissu, elle n'a pas l'habitude de tenir la plume.

Mais, voyant ma génération qui vieillit et s'éteint, remplacée par une autre qui marche à l'abîme avec une insouciance désespérante, je ne puis m'empêcher de jeter le cri de détresse, afin que, quoi qu'il arrive, je sois en paix avec ma conscience.

Sur le bien et le mal, le mensonge et la vérité, tout a été dit, tout a été écrit. Je n'ai donc rien inventé ; seulement, j'ai tenté de débrouiller la lumière des ténèbres, en brisant les verres à travers lesquels chaque école nous montre la société ; et du chaos des opinions, dégager une doctrine logique et rationnelle.

Pendant le cours de mon existence j'ai assisté à bien des événements ; plusieurs révolutions se sont opérées ;

beaucoup de systèmes ont surgi, sans que la condition du travailleur se soit améliorée.

Quelles peuvent être les causes qui ont jusqu'ici empêché une répartition plus équitable et plus large du bien-être au plus grand nombre ? Grand et difficile problème.

Possédé de la soif de connaître, je me suis souvent demandé, en comparant ma triste position à celle de ceux que l'on nomme les heureux du jour, **quelle devait être la condition de l'homme ici-bas.**

A cette question j'ai consacré bien des veilles. Il m'a fallu interroger les siècles passés, faire défiler sous mes yeux les grandes figures qui ont marqué leur place à chaque génération, et étudier les théories modernes. C'est ainsi qu'en dehors de toute passion, sans lien politique ou religieux, n'ayant ni places ni faveurs en perspective, j'ai pu rester **moi**, dévoué tout entier à mon œuvre, la recherche de la vérité.

Il faut en finir, nous marchons à l'inconnu. Le vaisseau social a perdu sa boussole et manque de pilote. Nous n'avons plus la *foi*, et nous ne croyons plus à l'efficacité de nos *lois*. L'avenir est menacé. Aveugle qui ne voit pas le travail de décomposition qui s'opère.

C'est dans cette mêlée d'opinions qui s'entrechoquent, des erreurs anciennes que l'on voudrait perpétuer, et des nouvelles que l'on voudrait inoculer ; — c'est dans cette lutte où l'on frappe à tort et à travers, sans trêve ni merci, que je me présente, pour crier à tous les aveugles et à tous les esclaves : *Voulez-vous marcher dans votre destinée ?*

Ouvrez les yeux. Brisez vos fers.
Tout est là !

INTRODUCTION

Pierre l'Hermite et saint Bernard n'avaient ni tribune ni journaux; et cependant ils ont remué le monde. De nos jours, malgré l'imprimerie, cette artillerie de la pensée, qui vomit chaque jour des flots d'idées, on reste froid et comme écrasé sous le poids des projectiles divers qu'elle nous envoie.

Si je compare la presse à l'artillerie, c'est qu'elle accomplit, au moral, le même rôle que celle-ci, au matériel. C'est par la presse que les partis se font une guerre acharnée ; ils usent les uns contre les autres, intelligence, encre et papier.

La presse et l'artillerie, voilà donc les deux forces qui peuvent tout en bien comme en mal, et que nous subissons, lors même qu'elles sont au service des passions et des ambitieux, jaloux de se perpétuer.

Et dire qu'il suffirait de comprendre le sens de deux mots pour réduire presqu'à l'impuissance la plupart de ceux qui trônent sur l'opinion.

Ces mots, dont on a tant abusé depuis 89, qui ont

fait plusieurs révolutions, que gouvernants et gouvernés ont sans cesse à la bouche, ils sont encore un problème. Ces mots, lecteurs, avaient tellement impressionné ma jeunesse, que 1830 me sourit, croyant, dans mon ardeur juvénile, qu'ils allaient recevoir leur consécration. Ces mots, vous le devinez, sont : **Ordre !** **Liberté !**

Je pris donc parti pour le gouvernement de Juillet qui les avait pour étiquette. « Voilà, me disais-je, ces deux adversaires amenés par la force des choses devant l'autel de la conciliation. » En effet, un projet d'union fut dressé. On convint de l'apport des futurs, une charte en fut le contrat, et grâce à cette alliance que le bon Père La Fayette appelait *la meilleure des républiques*, on allait voir se fermer l'ère des révolutions.

Mais hélas ! la lune de miel ne fut pas de longue durée. La *Liberté*, si longtemps comprimée, et non encore soumise, prenait ses petites licences ; l'*Ordre*, de son côté, oppresseur par tempérament, n'entendant pas qu'elle s'écartât de ses devoirs, redevint tyrannique et brutal. Bref, le divorce en fut la conséquence, et cette idée de paix éternelle, rêvée par des cœurs généreux, disparut comme une illusion.

Bien convaincu alors que l'ordre et la liberté n'existaient que de nom sur nos édifices et sur les boutons de la garde nationale, je rentrai sous ma tente, bien fixé sur l'impuissance des partis, pour reprendre mes études, et garder mon indépendance.

Eh bien ! malgré les leçons, les épreuves subies, les cris de liberté ! tant de fois prodigués, je ne vois encore qu'esclavage.

Est-il libre celui qui dépend d'une administration,

fait taire son opinion , comprime ses croyances , pour complaire à ceux qui le font vivre ?

Est-il libre l'écrivain qui, sous peine de mourir de faim, met sa plume au service d'une cause qui n'est pas la sienne ?

Est-il libre encore, celui qui, tout en écrivant pour sa cause, est forcé de tout critiquer chez ses adversaires, comme aussi de défendre *quand même* les idées de son parti ?

Est-il libre, le prêtre lié par un serment qui l'oblige, sous peine d'être renégat, à enseigner des préceptes que sa raison condamne ?

Est-il libre, le soldat qui, à partir du jour où il endosse l'uniforme, n'est plus qu'une machine propre à servir les ambitions les plus folles, et à combattre des intérêts qui seront les siens à l'expiration de sa peine ?

Est-il libre le paysan courbé sous le poids de son labeur, et qui n'a d'autre volonté que celle du curé, du maire et du garde-champêtre ?

Sont-ils libres enfin tous ceux qui, au nom même de cette liberté qu'ils invoquent, se font les esclaves volontaires d'une idée, d'un parti, et croiraient mentir à leurs principes, s'ils pensaient contrairement à ce qui sort de la bouche de leur prophète, ou des colonnes de leur journal ?

Eh bien ! c'est cette dépendance volontaire ou obligée qui fait la force des partis. Brisez cette chaîne; ne servez aucun maître ; ne soutenez aucun autel , vous aurez accompli la plus belle révolution ; car alors, sectes et partis, réduits à leurs propres forces, seront sans puissance, n'ayant plus à leur suite que les intrigants.

Vous qui le pouvez, apprenez que pour étudier hommes

choses, il faut d'abord s'affranchir de toute servitude
ellectuelle, et ne porter la livrée d'aucun parti. Cher-
ez partout la vérité ; fuyez les professeurs de menson-
s, qui soutiennent le voile des ténèbres, et couvrent
os regards les rayons de la vérité.

Ouvrez les yeux ! Brisez vos fers !
Tout est là.

LANTERNE MAGIQUE

Maintenant que nous avons dépouillé le vieil homme, nous allons jeter ensemble un coup d'œil sur la France.

La France est une lanterne magique des plus curieuses. La voir, l'étudier, à travers la lunette de chaque parti, est chose la plus instructive. Vous la voyez, panorama grandiose, se dérouler à vos yeux, sous vingt formes diverses, selon la couleur du verre qui vous sert d'objectif, depuis le blanc le plus terne jusqu'à l'écarlate le plus vif. Vue à l'œil nu, elle présente une immense foire. Les meneurs de chaque parti en sont les saltimbanques. Vous les voyez, montés sur leurs tréteaux, battant la caisse de la réclame, flanqués d'une foule de pîtres, faisant le boniment ; offrant leur marchandise, qui blanche, qui bleue ou rouge, et criant jusqu'à l'enrouement : *Prenez mon baume ! C'est le seul, c'est l'unique ! Et en avant la musique !*

Et tout cela se débite avec un si grand aplomb, un tel sérieux qu'on s'y laisse prendre. Mais hélas ! malgré l'usage et l'abus que l'on a faits de toutes ces drogues morales, politiques et religieuses, le mal empire toujours et menace de devenir chronique.

S'il te reste encore quelque attache, lecteur, tu trouveras mes appréciations peu de ton goût; car si tu m'accordes raison contre tes adversaires, tu trouveras mauvais que je n'aie pas excepté ton parti. Mais que veux-tu? On les a vus tous à l'œuvre ; habiles démolisseurs, architectes incapables, leur impuissance est manifeste, et tu dois savoir ce que coûte au pays le jeu sans fin *du sors-toi de là que je m'y mette*, tenu par d'habiles joueurs, entraînant à leur suite les aveugles et les esclaves par des promesses qu'ils savent bien ne pouvoir tenir, quitte à déporter, fusiller ceux qui, après leur avoir servi de courte échelle, viennent leur rappeler leurs promesses.

Qui n'entend qu'une cloche, n'entend qu'un son. Ce n'est pas en nourrissant ton esprit toujours à la même table, que tu peux juger de l'alimentation humaine. Vas à celle des voisins : tu y trouveras des mets qui conviendront fort bien à ton tempérament. Puis l'important, c'est que chaque cuisinier, te faisant l'éloge de son menu, l'assaisonne toujours d'une critique à l'endroit de ses rivaux. Tu te convaincras alors qu'ils sont aussi ignorants en science sociale, qu'habiles à se démontrer leur nullité réciproque.

Ouvre les yeux. Brise tes fers.

Tout est là !

On juge l'Arbre par ses Fruits

La Politique et la Religion sont les deux colonnes, ou plutôt les deux arbres sociaux sur lesquels l'humanité repose. C'est donc aux marches du trône et au pied de l'autel que doivent porter nos recherches. Plantés dans un terrain fertile, ces arbres porteront des fruits, sains, abondants ; et le corps social se développera sous leurs branches protectrices, dans des conditions de bien-être matériel et moral. Si c'est le contraire, les fruits seront amers, insuffisants, et les branches dépouillées ne donnant aucun abri, la société sera exposée à toutes les intempéries qui ont nom : *guerre, famine, inquisition, peste, misère, immoralité.*

Je pourrai me dispenser de signaler à laquelle des deux conditions ci-dessus nous sommes condamnés. Nos douleurs sont assez vives pour qu'il n'y ait aucun doute. Cependant je tiens à convaincre d'erreur ceux qui soutiennent que la société repose sur la *foi* et sur la *loi;* car ils font reposer l'état social non sur la *foi* qu'ils n'ont plus, ni sur les *lois* qu'ils violent sans cesse, mais bien sur les hospices, la charité bigote, le confessionnal, la police, les juges, les tribunaux, la prison, le bagne, le gendarme, la guillotine et le bourreau. Encore faut-il que toutes ces gentillesses soient soutenues par la fleur de notre jeunesse, dressée à la tuerie, afin que, si l'on résiste, force reste à la.... force.

Et si avec tout cet attirail, ils étaient tranquilles. Mais non. L'amour de leurs sujets est si vif, qu'ils trouvent

encore les moyens de se soustraire parfois à leur douce
paternité. Alors trop comprimé, l'ouragan se déchaine, et
les emporte dans un tourbillon de poussière et de sang ..

Que de luttes héroïques soutenues ! et quel courage il
a fallu à cette humanité dans sa marche à travers les âges !
Que de fois, pressée par le besoin, elle a tenté d'inutiles
greffes. Que de fois, meurtrie par la souffrance, elle a
porté la hache du désespoir sur les branches les plus
pourries de l'arbre religieux et politique, si souvent
arrosé de ses sueurs, de ses larmes, de son sang, et en-
graissé à chaque génération, par des millions de cadavres !

**L'arbre politique et l'arbre religieux
sont donc au plus mal. Il faut les guérir.**

Connaître l'origine du mal, c'est en indiquer le remède.

———

Les prêtres et les rois avaient pour mission de diriger les peuples, et de leur donner progressivement les satisfactions morales et matérielles, compatibles avec les besoins du temps et le milieu social où ils vivaient. D'où cette rigoureuse conclusion :

Les Gouvernements sont faits pour les Peuples !

Mais l'ambition, la soif de dominer, de se perpétuer, les ont fait mentir à leurs devoirs : de pasteurs, ils se sont faits bourreaux ; d'où cette conclusion inverse :

Les Peuples sont faits pour les Gouvernements !

Là est l'origine du mal. Le chercher ailleurs serait folie. Tout le succès consiste donc à renverser la proposition ci-dessus. Ainsi voilà le terrain suffisamment déblayé ; et il n'est pas nécessaire d'écrire des volumes, où la vérité, embrouillée dans une savante phraséologie, est souvent difficile à saisir.

Les prêtres et les rois, considérant les peuples comme *leur chose*, ont fait à eux seuls la carte du monde.

Aussi n'avons-nous jamais connu qu'un *ordre* arbitraire, constamment opposé aux tendances de la société. Un tel ordre de choses, résultat des ambitions cléricales et monarchiques, devait être sans cesse miné par les conjurations des peuples sur lesquels il pesait; et au lieu de *l'ordre*, c'est le *désordre* que nous avons, servant de base à l'arbitraire sous le nom pompeux d'**Ordre européen !** Et c'est pour maintenir cette merveille, que nous entretenions 3 millions d'hommes; puis comme tout progresse, ce n'est plus actuellement 3 millions, mais 7 millions d'hommes, dévorant environ 8 milliards, c'est-à-dire la rente de 160 milliards qui sont enlevés chaque année, en Europe, à l'agriculture, au commerce, à l'industrie, à la propriété et au travail.

La main sur la conscience, ou la conscience sur la main, quels sont les avantages de *cet ordre* qui retient 7 millions d'hommes sous les armes, coûte 8 milliards, sans compter les casernes, les forteresses, les arsenaux, les armes à perfectionner, les navires à blinder? Et si nous ajoutons que ces 7 millions d'hommes, perdent à ne rien produire, autant qu'ils coûtent à ne rien faire, il sera bien permis de trouver cet ordre un peu cher. Représentons-nous en imagination combien de produits, combien de travaux gigantesques on aurait accompli avec cet or et ces bras. Encore si c'était pour le maintien de *l'ordre* des peuples. Mais il n'en résulte aucun avantage pour eux; car si *l'ordre* en question était l'expression de leurs besoins, il se maintiendrait seul, et ne coûterait rien.

Cet *ordre* est donc tout simplement celui des *rois et des prêtres*, s'appuyant sur la ruse, le mensonge, la force (1), et la torture (2); les uns pour se voler quelques lam-

---

(1) Depuis la chute du premier empire seulement, 3 millions d'hommes ont péri par la guerre et ont coûté 20 milliards.

(2) De 1442 à 1820, l'Inquisition a fait 335,667 victimes, sans compter les galères, l'exil, les prisons; le tout pour la plus grande gloire de Dieu.

beaux de terrain et s'en approprier les esclaves; les autres, sous le masque de la religion, pour tromper les consciences et mieux les spolier (1).

« La monarchie et le sacerdoce sont donc des écoles
« de corruption et d'avilissement. La démoralisation de
« notre époque est leur ouvrage; et cet état nous con-
« duit droit, si l'on n'y avise, à un cataclysme bien plus
« terrible que celui de 93.

Entre deux voies, l'une violente et l'autre pacifique, prêtres et rois, choisissez !

---

(1) De 1852 à 1869, le clergé a encaissé (par legs seulement), plus de deux milliards. Pauvres prêtres !...

L'Éducation, c'est l'Homme.

En affirmant que le trône et l'autel sont les causes de notre démoralisation, je vais m'attirer bien des colères, et paraître manquer à cette impartialité dont je me suis fait une loi; il n'en est rien. Leibnitz a dit « *Donnez-moi une génération, je changerai les hommes.* » Il a dit vrai, et quoi que l'on puisse invoquer en faveur du contraire, il faut admettre *que nous sommes ce qu'on nous fait.*

Or, si nous examinons ce que nous sommes, il serait bien difficile de vouloir contester l'impuissance de nos gouvernants, en voyant à quel degré d'égoïsme, d'irréligion, de bigotisme, de luxe et de débauche nous sommes tombés.

Le cléricalisme et la royauté diront : « Est-ce nous qui avons enfanté les doctrines perverses des libres penseurs? » « *E*st-ce nous qui avons poussé au luxe, à la débauche ? »

Eh! oui, messieurs, c'est vous! car pendant que l'Empire vous donnait à vous, prêtres, en retour de votre appui, carte blanche pour abrutir et fanatiser une partie de la nation, lui, agissant en sens inverse sur l'autre partie, par une presse malsaine, par le roman, le théâtre, la chanson, la gravure, poussait à la corruption, dont la cour elle-même donnait l'exemple. C'est ainsi que, par ce calcul machiavélique, vous pouviez régner en maîtres par la division de la société en deux castes rivales et hostiles, l'une par le fanatisme, l'autre par l'immoralité.

Etonnez-vous donc qu'une société ainsi enseignée donne naissance aux idées les plus extravagantes, aux théories les plus insensées, qui ne sont au fond qu'une protestation contre des absurdités tout aussi ridicules.

De quel côté sont les coupables ? Voici une réponse froidement méditée :

« *Les peuples ne sont jamais coupables, ni responsables, même de leurs crimes : car ils n'y sont jamais poussés que par l'éducation qu'ils reçoivent, et les iniquités qu'ils subissent. Donnez-leur des lois justes, une éducation vraie et du travail ; croyez-moi, vous aurez alors des citoyens dignes de ce nom.*

Etant donné que votre morale, que vos enseignements n'ont su produire qu'une génération bigote et débauchée, elle est jugée par ses fruits.

Votre éducation est au plus mal.
Il faut la guérir.

Le Remède.

Guérir la société du mal politique et religieux qui la pousse à la misère, réformer son éducation qui abâtardit son intelligence, tel est le problème à résoudre. Mais où trouver le docteur capable de rédiger l'ordonnance, capable de combattre un mal aussi opiniâtre, aussi invétéré ?

Ce docteur ! est le **Socialisme** ! Ne frémissez pas, ne vous épouvantez pas.... Lisez et méditez.

« Il est un fait que nous ne pouvons récuser : c'est
» qu'il existe au fond de toutes les consciences un senti-
» ment qui nous pousse sans cesse en avant vers la
» recherche de la vérité. Nous y sommes poussés par le
» besoin ardent d'amélioration qui devient plus pressant
» à mesure que se déroule le tableau de nos imperfec-
» tions et des besoins toujours nouveaux que nous ne
» pouvons satisfaire. »

De ces désirs, de ces besoins d'amélioration est né le socialisme. C'est déclarer d'abord qu'il ne date pas d'hier. Et cependant, malgré son âge, on est forcé de convenir qu'il n'a pas encore été défini. Demandez : *Qu'est-ce que le socialisme ?* Vous aurez les réponses les plus contradictoires. Et cela n'a rien de surprenant. Présenté sous tant de formes, défiguré par l'ignorance et les passions, il est resté obscur. Puis, profitant de cette confusion, les pouvoirs, et tout ce qu'il y a de réac-tionnaire après eux, ont ramassé toutes les absurdités dites en son nom, en ont fait un corps avec cette enseigne : **Destruction de la religion, de la famille et de la propriété**. Ils l'ont présenté à la société, et lui ont dit : **Voilà le socialisme**!....

De là cette terreur qu'il inspire à la classe paisible, et la rend rebelle à toute réforme Il convient de mettre un terme à ces craintes, en donnant au socialisme sa véritable signification.

« Tout homme qui éprouve le besoin d'amélioration;

« Tout homme qui admet la possibilité d'un état meilleur;

« Tout homme qui comprend la nécessité des réfor» mes, **est**, *qu'il le veuille ou non*, **socialiste**.

Ce principe admis, et d'accord sur ce point, nous ne pouvons manquer de l'être sur le but ainsi défini : « *La » réalisation d'un état social dans lequel l'humanité » jouisse de la plus grande somme possible de bien-» être.* »

Qui donc refusera de se rallier à ce programme ? Les rois et les prêtres. Mais en dehors de ceux qui ont intérêt à nous tromper, tout cœur honnête, à quelque école qu'il appartienne, se ralliera à ce désir ardent qui s'échappe de toutes les poitrines sensées :

« *Réalisons toutes les réformes qui découlent du progrès.* »

Là, est tout le socialisme.

Mais. Voici le mais d'où surgit la division; puis la lutte, et toutes les funestes conséquences dont les masses sont victimes. Chaque parti, chaque école prétend seule avoir le secret d'atteindre au but, et ne recule devant aucun moyen pour le faire prévaloir. *Hors de moi, point de salut.* Et comme le Pape, ils se déclarent infaillibles, s'excommunient réciproquement, et font violence à la vraie liberté. Là, est le danger. Le vrai socialisme qui donne satisfaction à toutes les aspirations, ne peut admettre ces divergences. Aussi nous allons examiner sur quoi reposent les prétentions de chacun.

Les innombrables idées qui se disputent le gouvernement du monde, partent toutes de quatre souches, dont elles sont les rameaux ou les branches. Ces quatre souches sont, dans l'ordre moral, l'*esprit* et la *matière*, dans l'ordre politique ou physique, l'*ordre* et la *liberté*. Voilà, sous quelques faces que la lutte se présente, les quatre terribles adversaires, qui dans leurs luttes incessantes, couvrent la terre de ruines. Tantôt vainqueurs, tantôt vaincus, tantôt maîtres ou esclaves, comme Antée, ils repuisent tour à tour dans leur chute des forces nouvelles pour recommencer le combat.

Quelles sont leurs raisons d'être? les causes de leurs divisions? — C'est ce que nous allons examiner.

ORDRE MORAL

Spiritualisme et Matérialisme.

L'école spiritualiste, représentée plus particulièrement par le catholicisme ne voit que par les yeux de l'esprit. Pour elle, la terre est un exil, elle vit d'espérance et repousse les faits. Elle préfère la mort à la vie, l'avenir au présent. La chair est pour elle le principe de tout mal, et le corps un ennemi dangereux, qu'elle présentera, peu s'en faut, comme une invention du diable. Dans ce système, Dieu est pur esprit, n'ayant pas besoin de matière pour exister. Donc vaincre la chair, étouffer comme tentation les besoins légitimes du corps, voilà sa loi; *Loi qui est tout simplement la tyrannie morale, s'exerçant par l'individu sur lui-même.*

De son côté, le matérialisme qui ne veut rien céder de ses droits, se révolte; et comme un excès en engendre toujours un autre en sens inverse, les matérialistes, à leur tour, ne voyant que par les yeux du corps, n'admettent partout que matière, à ce point que le Dieu dont ils s'efforcent, par une inconséquence, de reconnaître l'existence, ils le font matériel aussi. Pour eux la matière existe d'elle-même, sans le secours d'un moteur étranger.

C'est tout bonnement la force du despotisme brutal.

Ces deux écoles se sont constamment combattues, sans jamais se vaincre; et la lutte se ravive avec des forces nouvelles. Malgré dix-huit siècles d'expérience, le catholicisme persiste encore à faire triompher son idéal. Il cherche, mais vainement, à concilier ce qui est inconciliable, *la Révélation* et *la Science, la Foi* avec *la Raison*, le *Despotisme* et *la Liberté.*

Il a, à cet effet, accompli les douze travaux d'Hercule. fouillé tous les bouquins, mais n'a réussi dans cette entreprise ridicule qu'à démontrer l'impuissance d'une science vermoulue, dont le dernier concile vient de couronner l'œuvre.

Révoltés de tant d'audace, les matérialistes ont tout nié, tout attaqué et ont jeté ainsi, par l'incrédulité, le désordre qui règne soit dans la famille, soit dans la société. Je laisse à cet endroit la parole au révolutionnaire Mazzini : « Notre génération n'a pas la Foi, elle n'a que
» des opinions; elle nie Dieu et l'immortalité. L'amour,
» promesses éternelles, l'avenir de ceux qui aiment, la
» croyance en une loi providentielle, ils nient tout ce
» qu'il y a de beau, de grand, de saint au monde. toute
» une héroïque tradition du sentiment religieux, inné
» dans le cœur, depuis Prométhée jusqu'au Christ, depuis
» Socrate jusqu'à Keppler, pour s'agenouiller devant
» Comte et Buchener; elle étudie les phénomènes qui
» passent, et elle en supprime les causes; elle admet les
» lois comme législation, forme sans but. Conséquence
» morale, elle est machiavélique.

D'où nous concluons : « La vérité n'appartient ni aux
» spiritualistes, ni aux matérialistes, parce que l'univers
» n'est pas *esprit,* parce que l'univers n'est pas *matière.*
» Mais la vérité appartient à tous deux, parce que l'uni-
» vers est *esprit* et *matière* en même temps.

L'esprit et la matière sont les deux souches de l'ordre moral, autour desquelles tous les systèmes gravitent, et se déploient. Vous êtes en un mot, deux faces du socialisme; et le libre développement de ce qu'il y a de vrai dans chacune de vos prétentions réaliserait la somme de bonheur moral que le genre humain est susceptible d'atteindre.

ORDRE PHYSIQUE

Liberté, Ordre.

De même que dans l'ordre moral, nous retrouvons ici les mêmes divisions, dérivant également des deux autres souches : Ordre, Liberté. Mais il existe une singulière particularité, c'est que les partisans de l'ordre ou de la liberté, changent de drapeau selon que l'intérêt l'exige. Ainsi, quand la légitimité était au pouvoir, elle arborait le drapeau de l'*Ordre ;* et libéraux, impérialistes, républicains marchaient unis sous celui de la *Liberté.* A la chute du droit divin, les libéraux lui ayant succédé, ils prirent en main le drapeau de l'*Ordre*, et les légitimistes vaincus vinrent les remplacer sous celui de la *Liberté*, et ainsi des autres. D'où il résulte qu'en politique, le mot d'attaque est liberté, celui de défense, ordre.

J'avais l'idée de mettre en musique un petit solo avec chœur, qui pourrait être chanté simultanément par tous. Mais j'ai reculé devant la difficulté. Je me borne à en donner le canevas.

Solo chanté par le parti au pouvoir.

« Vous qui nous menacez, qui êtes-vous ? Des enne-
» mis de l'ordre public, des agitateurs ténébreux, semant

« sans cesse les mauvaises passions. Tous vos efforts
» n'ont qu'un but, d'empêcher l'action bienfaisante du
» Pouvoir qui veut le bien du pays. Nous y mettrons
» ordre. Nous restreindrons la liberté dont vous faites
» un si funeste usage ; nous sauverons le pays, la société
» en mettant à néant vos menées anarchiques. »

Tel est le thème chanté avec variantes, et approprié aux circonstances. Sur quoi, ceux qui ne sont pas au pouvoir, mais qui voudraient y être, répondent par ce chœur à trois ou quatre voix :

« Lâches et infâmes ! Vous qui vous prélassez au pou-
» voir ; vous vous engraissez des sueurs du peuple et
» ruinez le pays, dont vous sucez le sang et la richesse.
» Qu'avez-vous fait de vos principes ? Renégats sans pu-
» deur, vous les avez foulés aux pieds. Il faut que cela
» finisse. Nous ne voulons plus de votre despotisme.
» Vous n'êtes qu'une poignée de misérables, qui avez
» contre vous le peuple, qui veut la liberté. »

Le plus curieux de ceci, c'est qu'il y a beaucoup de vrai des deux côtés.

Où tout cela peut-il conduire ? Quel peut être le dénouement d'une comédie, dont chaque acte se ressemble ? Les artistes seuls se remplacent ; mais l'action aboutit toujours à une révolution, puis à une contre-révolution, puis à une restauration ; à une quantité de chartes et de constitutions, qui ne constituent rien du tout, qui déplacent ceux-ci pour remplacer ceux-là. Et tout cela prend notre temps, prend notre argent, et notre sang. Et tandis que les impôts sont doublés, que la dette publique augmente sans cesse, aux cris cent fois répétés de : « prospérité toujours croissante, » 24 millions de pauvres travaillent la terre comme des forçats ; 8 millions d'ouvriers dépérissent dans les ateliers, donnant leurs fils à la conscription, et leurs filles aux grandes villes pour l'usage de ceux qui s'en servent, le tout pour payer les scandaleuses folies des gouvernants.

Ces 30 millions d'hommes sont pourtant aussi un peu de la nation, quoiqu'ils ne jouissent pas du bonheur d'avoir une opinion tranchée. Et si quelque chose m'étonne, c'est que la France, qui se donne la réputation d'être la plus spirituelle des nations, se laisse encore leurrer par tous ces prétendants et blagueurs politiques. Dans chaque parti, il y a cependant, il faut le constater, des gens honnêtes qui croient fermement et de la meilleure foi au bien, par l'application et le triomphe de leur idéal. C'est donc un devoir de dessiller leurs yeux, et de leur tenir le langage de la saine raison. Je dirai donc ce que j'ai dit aux précédents :

« Partisans de l'ordre, vous avez raison quand vous » dites : Nous sommes bons citoyens, amis de l'ordre et » du bien public; nous ne reconnaissons pour ennemis » que ceux qui rêvent le bouleversement pour assouvir » leurs basses passions. »

« Partisans de la liberté, vous avez raison aussi quand » vous dites : Nous sommes les amis du peuple et les » ennemis de ceux qui l'oppressent. Nous avons en face » de nous des misérables qui gouvernent par le despo- » tisme, barrent la route du progrès, et règnent par la » terreur. Nous voulons le travail et la liberté. »

Mais vous avez tort tous deux. Car, **pas de liberté sans ordre, — pas d'ordre sans liberté.**

L'ordre sans la liberté, c'est le despotisme. — La liberté sans l'ordre, c'est l'anarchie.

Les luttes soutenues par ces deux principes, comme celles du matérialisme contre le spiritualisme, sont impies et doivent céder devant la science et la raison. Un jour viendra où, meurtris et sanglants par leurs blessures réciproques, ils se tendront la main. Bien convaincus

alors de leur raison d'être, ils se complèteront les uns pa
les autres, et comprendront que vouloir en annuler ur
serait aussi impossible que la suppression d'un des qua
tre éléments.

Qui opèrera ce prodige? Quelle bannière pourra les
unir et les abriter?

C'est le socialisme où tous sont appelés
et élus.

Qu'est-ce que le Socialisme ?

Le socialisme, contrairement à toute doctrine, procède avec et en dehors des partis. Ses armes sont la science, et chacune de ses découvertes apporte un nouveau bienfait social, dont nous profitons tous. Toute œuvre accomplie par un *parti*, par une *école*, une *secte*, ne servant qu'au *parti*, à l'*école* ou à la *secte*, *n'est pas du socialisme*. Ainsi, les Jésuites, en accumulant des richesses pour exploiter l'ignorance et dominer le monde en tenant sous leurs mains papes et rois, font une œuvre de parti, tandis que M. de Lesseps, unissant deux mers qui mettent en communication directe 300 millions d'Européens et 700 millions d'Asiatiques, fait une œuvre sociale. Il en est ainsi de tout ce qui se fait en vue de tous et pour tous. Seulement le socialisme n'étant pas érigé en science, se trouve dans les conditions où se sont trouvées les sciences qui l'ont précédé. Ainsi, l'astronomie, avant que la raison vraie des mouvements célestes eût été trouvée, avait enfanté mille systèmes empiriques ; c'était le temps des astrologues. Les alchimistes ont également précédé les chimistes. Le socialisme, lui aussi, attend son génie.

Le socialisme, entendez bien, n'est pas seulement la science des moyens ; c'est encore la science du principe et du but, en vertu desquels l'univers est constitué, et auxquels tous les astres, tous les êtres sont soumis. La science du socialisme devra donc se diviser ainsi :

Socialisme des infinis, *étude des éléments qui constituent tout ce qui existe ;*

Socialisme des mondes, *étude de la formation des globes et de ce qu'ils renferment.*

Socialisme des hommes, *étude de l'être moral et matériel.*

Socialisme des Sociétés, *comprenant leur organisation et les rapports entre les hommes.*

Cherchez et vous trouverez !

La Vision.

Un soir, vivement préoccupé du désordre qui règne ici-bas, je fus pris d'un sommeil profond, et tombai sous le poids d'une vision étrange. Un être, dont je ne pus soutenir le regard, me dit d'une voix brève : « Tu veux sonder l'avenir ! suis-moi. » Mes yeux s'obscurcirent. Je sentis sa main étreindre la mienne, et rapide comme la flèche, je fus transporté dans l'immensité. « Maintenant, me dit-il, vois, et interroge. »

Je fus ébloui par le spectacle qui s'offrit à moi. Ma vue avait acquis une telle puissance que les globes, parsemés dans l'espace, m'apparaissaient tels qu'aucun détail ne pouvait m'échapper. A droite était la terre ; à gauche, se balançait harmonieusement une planète du même ordre, sur laquelle je me plus à arrêter mes regards. Son pôle était débarrassé d'une partie de ses glaces. De riches cultures la couvraient, rafraîchies par le cours des rivières savamment distribuées ; de belles forêts couronnaient les montagnes ; un climat tempéré en faisait un jardin.

Je reportai mes regards vers la terre. A ce contraste, je fus pris d'un frisson mortel, et ne pus retenir cette exclamation : « Enfer !.... » puis, m'adressant à mon guide, je lui en demandai les causes.

« Les êtres qui peuplent les planètes, me dit le génie,
» sont les instruments qui doivent les rendre fécondes ;
» comme la terre, cette planète que tu contemples a eu
» ses âges de douleur, ses faux prophètes; mais éclairée
» par le malheur, elle a changé de voie,

— » O génie ! lui dis-je, montre moi cette route si
» longtemps cherchée, et au prix de si cuisantes dou-
» leurs.

— » La route du malheur est pleine d'obstacles Ses
» ruisseaux sont de sang. Treize cents millions d'êtres
» environ peuplent votre planète. Une fraction jouit de
» tout ; une autre dispute son bien-être ; l'autre manque
» du nécessaire. N'en accusez que vous-mêmes. La Pro-
» vidence qui ne fait rien au hasard, a tout créé pour
» l'harmonie. A côté de chaque souffrance, elle a placé
» le remède, sachez-le découvrir. La terre est votre do-
» maine, fouillez-la, ouvrez ses flancs ; elle vous don-
» nera de tout pas surcroît.

» Les deux tiers de votre globe sont en friche. Cul-
» tivez-les.

» Votre culture est morcelée. Qu'elle soit intégrale.

» Vos montagnes sont nues. Reboisez-les.

» Vous vous étouffez sur quelques points. Colonisez.

» L'Eglise et l'Etat sont unis. Séparez-les.

» Vous avez des frontières. Renversez--les

» Vous avez des rois. Passez-vous-en.

» Vous avez des armées immenses et destructives.
» Faites-les produire.

» Vous êtes idolâtres. N'ayez qu'une croyance.

» Vous êtes gouvernés par la force. Soyez-le par la
» science et l'amour.

» Votre commerce est un mensonge. Rendez-le
» véridique.

» La richesse et le travail sont divisés. Unissez-les.

» Vous avez cent morales. N'en ayez qu'une.

» Votre éducation est fausse. Qu'elle soit vraie.

» Votre société repose sur le mal. Qu'elle repose sur
» le bien.

» Enfin, *faites en tout, et pour toutes choses, l'inverse*
» *de ce que vous faites.* »

Il eut à peine achevé, que mes yeux se voilèrent de
nouveau. Un craquement terrible se fit entendre ; je me
réveillai en sursaut frappé par ces dernières paroles qui
furent pour moi toute une révélation :

**« Faites en tout, et pour toutes choses,
l'inverse de ce que vous faites. »**

L'Utopie.

Les deux grands faits de l'existence humaine se résument en ces mots : **produire** pour **consommer**. Tous nos efforts, nos mouvements, notre activité ne sauraient avoir d'autre fin, soit au physique, soit au moral. Donc, ceci admis en principe, si la production dépasse en double les besoins de la consommation, il y aura *abondance;* dans le cas contraire, il y aura *misère.* **Produire**, toujours **produire!** voilà donc trouvée la clé qui seule résoudra le terrible problème du paupérisme.

Allons, vite à l'œuvre! Allons, intelligence! abandonne le champ des luttes oiseuses, où les neuf dixièmes de temps, d'énergie et d'activité se perdent en querelles stériles, et reporte-toi vers tout ce qui peut accroître la richesse publique. Crée, invente, perfectionne dans les arts, la science et l'industrie, afin que le mot **gloire**, poussé par les hordes destructives, soit remplacé par celui qui vivifie : **produire!**

Lorsque les machines simplifieront le travail, tout en centuplant les produits; lorsque l'eau, l'air, le feu, l'électricité, la vapeur seront soumis, et que, par toi dirigés, ils enfanteront des merveilles, pourvoiront à tout ce qui peut satisfaire nos besoins matériels, et que l'âme, cette moitié de nous-mêmes, trouvera dans la philosophie, la religion pure, les arts et la poésie toutes les satisfactions dont elle a soif, pourras-tu rester impuissante devant cet autre problème qui a jusqu'ici effrayé tous nos économistes : **Répartition équitable de la production.**

Non, non, mille fois non. Car il te sera aussi facile alors de faire **trois parts équitables, s'il y en a pour six,** qu'il est impossible aujourd'hui de donner à *six*, s'il **n'y a que pour trois et que le premier s'adjuge la part du lion.**

N'apercevez-vous pas, lecteur, dans ce qui précède, toute une révolution ? Eh ! oui, elle y est. Mais celle-ci, est la *bonne*, la seule, qui fermera l'ère des révolutions, et, donnera la sanction vraie de la devise chrétienne : *liberté*, *égalité*, *fraternite*. Car elle est *sociale*, c'est-à dire progressive, acceptant *ce qui est pour en tirer le meilleur parti possible, en vue de tous, et pour tous;* ne sortant rien à personne, et ajoutant au contraire à chacun ; — elle est pacifique, car elle n'entraîne aucune victime après elle, fait chaque jour le possible, et ne veut pas forcer l'arbre social à donner les fruits lorsque la séve du printemps fait à peine pousser les premiers bourgeons.

L'utopie ci-dessus peut donc se résumer ainsi : *Emploi de toutes les forces, de toutes les intelligences, de tous les capitaux* pour **produire,** toujours **produire,** afin de rendre facile, par l'abondance, une **équitable répartition aux trois forces productives.**

Voici à ce sujet une petite histoire qui a bien son à-propos. Un jour le peuple de Rome, furieux contre ses gouvernants, par rapport aux impôts, résolut d'abandonner le Sénat, et se retira sur le mont Aventin.

Les consuls lui dépêchèrent, comme médiateur, un orateur habile, Ménénius Agrippa, qui, pour tout discours, lui raconta cet apologue :

« Il fut un temps où les membres du corps humain ne

» vivaient pas en parfaite intelligence comme aujour-
» d'hui. Froissés de travailler pour l'estomac, pendant
» qu'oisif et paresseux, il jouissait de tout, ils résolurent
» de se mettre en grève. Les mains ne porteraient rien
» à la bouche, et les jambes ne le supporteraient plus.
» Mais ils s'aperçurent bientôt que toutes les parties du
» corps faiblissaient en même temps, et qu'il y avait soli-
» darité entre eux; que l'estomac recevant tout, distri-
» buait ensuite à chaque partie du corps la part qui lui
» était nécessaire, et que pour avoir chacun satisfaction
» complète, ils devaient se prêter un appui commun. —
Ayant compris le sens de ces paroles, les centuries plé-
béiennes rentrèrent à Rome.

La *production*, n'est-ce pas l'estomac de la société
qui, sous le nom de *consommation*, distribue à tous les
membres du corps social la force et la vie? — Alors plus
d'antagonisme, plus de grèves qui entravent la production d'une contrée au profit d'une autre. Si le corps
social est malade, tous les membres souffrent de sa
souffrance. Rendons-nous donc à cette vérité: *Qu'il y a
dans tout mouvement de production, trois forces qui
agissent:*

L'intelligence qui dirige;

Le capital qui donne les moyens;

Le travail qui exécute.

Donc l'*instrument*, sans le *bras* qui l'utilise, sans l'*intelligence* qui le conduit, ressemble au trésor de l'avare
verrouillé dans son coffre-fort.

Si l'**intelligence**, le **capital** ou matière pre-
mière, et le **travail** sont les trois forces sociales sans

lesquelles rien n'est possible, il faut que le *capital* n'exploite pas l'*intelligence*, et que les deux réunis n'écrasent pas le *travail*.

J'ai bien cherché, lecteur, j'ai bien feuilleté, bien médité. En mon âme et conscience, je n'ai rien vu de mieux.

POSTFACE

La France est en décadence. De quelque côté qu'on prête l'oreille, ou qu'on porte son regard, on n'entend, on ne voit que confusion, division, et les hommes les plus autorisés semblent avoir perdu le sens moral.

La France serait-elle arrivée à la caducité? Paris serait-il le nouvel Alesia qui valut la soumission de la Gaule à César? Ou bien notre pays n'éprouve-t-il qu'une de ces crises ordinaires à certains tempéraments, et qui attestent dans leur développement la force et la vigueur? J'aime à espérer que la France, trop longtemps troublée et déchirée, reprendra son ascendant civilisateur, non par la force mais par l'idée.

Allons, le temps presse, et chaque heure dévore nos précieuses réserves. Nous *consommons* toujours, et ne *produisons* rien; nous marchons à la misère.

Est-ce bien ce que veulent ceux qui tiennent en main nos destinées actuelles? On serait tenté de le croire en voyant leur aveuglement. Comment ne s'aperçoivent-ils pas qu'au fond de toutes ces colères, ces grèves, ces folles entreprises, ces révoltes en permanence fomentées par les ambitieux, les vendus, ou les enfants perdus du progrès, il y a une cause, un prétexte sérieux : **La misère du travailleur.**

Les ouvriers divisés à l'infini pour résoudre une question sociale ou la forme d'un gouvernement , sont toujours unanimes pour crier :

Plus d'exploitation! Vivre en travaillant!

Et dire qu'il faudrait si peu pour donner de la confiance à ces enfants du travail , et les rendre insensibles aux sollicitations de ceux qui exploitent sa misère ! Mais non, *on ne fait rien.* Tous ceux *qui savent et qui peuvent* ne veulent toujours voir dans cette classe *qu'une vile multitude, à figures ignobles* (1). Imprudents ou insensés, qui *ne voyez pas, ou feignez* de ne pas *vous apercevoir* que vos mépris éveillent les méfiances du peuple et l'arment contre vous. Voici, à ce sujet, un exemple qu'il serait bon de méditer.

« Un ouvrier, blessé au travail, fit appeler son méde-
» cin. Le docteur, connaissant la gêne de son client,
» trouva plus lucratif de voir quelques riches malades,
» chez lesquels il *entretenait* convenablement la conva-
» lescence. L'ouvrier, pressé par la douleur, s'en remit
» aux soins du premier venu, et les remèdes de bonnes
» femmes lui valurent la nécessité d'être amputé. Grande
» colère du docteur sur sa folie. L'ouvrier mutilé lui dit
» froidement : Je vous ai appelé en aide, mais à ma mi -
» sère, vous avez préféré l'or de ceux qui pouvaient
» attendre. Et cette absence de sentiment humain, de
» religion me livre à la merci de la charité publique. »

Le peuple qui travaille, c'est le malade. Vous, Pouvoir, vous êtes le docteur payé pour veiller à sa santé. Si pour échapper à la mort lente à laquelle votre abandon le condamne, il a recours à certains remèdes malfaisants qui troublent parfois votre quiétude, n'en n'accusez que

---

(1) Paroles de M. Thiers.

vous-même. Faites taire vos cris de démence, vos appels à la force. Prêtez l'oreille, et vous entendrez, entre les intervalles du canon, du crépitement des mitrailleuses, la voix brutale mais vraie qui s'échappe du sein des classes ouvrières :

Plus de vendeurs dans le temple!

Plus de souverains bourreaux!

Plus d'exploiteurs de chair humaine!

Papes et rois, notre misère est votre ouvrage. Elle est le résultat de deux causes qui vous sont propres. Au point de vue moral, la misère est l'effet de l'antagonisme, de l'individualisme outré, de l'isolement où chacun vit par l'absence de sentiment religieux, par le manque de foi.

Au point de vue matériel, la misère naît de la faible production, et de la fausse distribution de la richesse sociale.

Prêtres, vous pouvez ramener cette *foi*, en brisant vos idoles. Revenez aux principes du Maître qui sut mourir sur la croix pour avoir dit aux exploiteurs et aux tyrans : **Tous les hommes sont frères! Aimez-vous!** Il a chassé les vendeurs du temple. A votre tour, renversez le veau d'or qui remplace Dieu sur vos autels. Il a affranchi la femme, et l'a proclamée notre égale. Ne l'obligez pas, dans vos inégalités sociales, à être bigote ou dépravée. N'arrachez plus le denier de la veuve, sous prétexte de prières, mettez-vous d'accord avec la science. Rompez le célibat. Remplacez le latin de nos offices par des sermons utiles, sérieux et vrais. Faites de votre vocation, non un *métier*, mais un *sacerdoce*. Soyez les consolateurs des âmes, rendez-vous indépendants, et laissez à d'autres le soin des choses temporelles. *Faites enfin que le règne de Dieu s'accomplisse sur la terre, comme aux cieux;* consolante promesse, comprises dans ces paroles du Christ :

« J'ai encore beaucoup de choses à vous dire ; mais
« vous ne pouvez les porter maintenant. Quand l'Esprit
« sera venu, il vous enseignera toute vérité, il vous
« annoncera les choses à venir. »

Si vous croyez à la Providence et à sa justice, vous écouterez la voix de la raison, et retenez bien ceci : « *Vainement vous crierez à l'impiété. La Religion ne reprendra sa légitime influence que lorsque la Foi sera mise d'accord avec la Science et que vos actes ne seront plus en contradiction avec vos paroles.* »

Vous, gouvernants ! Reconnaissez aussi que la misère est le résultat du manque de produits ; qu'elle est le fruit de vos désordres et de vos folles prodigalités.

Créez un *Ministre du travail* chargé de régler toutes les questions sociales. Nos villes regorgent de malheureux manquant de travail, de vêtements, de logements sains, d'air et de lumière. Colonisez les terres fertiles, ouvrez de nouveaux débouchés au commerce. En créant de nouveaux centres de production, apportez aux colons non plus des promesses chimériques, mais des moyens et des ressources sérieuses ; soyez aussi larges pour ces soldats du travail, qui vont porter la vie où est la stérilité, que vous l'êtes pour ceux qui n'ont traîné après eux que la ravage et la mort.

Le globe est notre domaine. Nous ne sommes pas créés pour nous étioler faute d'espace dans des caves, ou entassés les uns sur les autres, quand des contrées fertiles et salubres n'attendent que la main de l'homme pour lui donner l'abondance. Tout être qui naît apporte avec lui le *droit de vivre*, le *droit au travail*.

Gouvernants ! Cessez de convoiter la possession des

peuples qui vous avoisinent. Et quand vous vous serez fait cette nouvelle promesse, vos armées coûtenses n'auront plus de raison d'être. Les congrès deviendront le tribunal où se traiteront toutes les questions internationales, et si quelqu'un manque au verdict de ses juges, seul et isolé, ayant contre lui le tribunal suprême, il sera impuissant. Soyez les protecteurs des peuples, et non des despotes avides et ambitieux.

Mais je me demande si ma faible et obscure voix parviendra jusqu'à ceux à qui je l'adresse. J'en doute, et, la crainte dans l'âme, je jette quand même ce dernier avertissement à ceux qui n'ont que du fer ou du plomb pour remède à nos misères :

« *Quand les abeilles ont de la nourriture, des fleurs et du*
« *miel, elles s'aiment, elles travaillent de concert, et*
« *l'ordre règne dans la ruche. Mais si la saison rigou-*
« *reuse les surprend avant que les magasins soient rem-*
« *plis par leur prévoyant travail, la fin de leurs pro-*
« *visions est le signal de la guerre. Plus de produits à*
« *consommer. Elles se dévorent entr'elles ; et la ruche,*
« *emblême du travail et de l'harmonie, se trouve boule-*
« *versée par le génie des révolutions.* »

Peuple, à toi aussi une parole. Moi qui ai vécu de ta vie, et partagé tes souffrances, je ne déposerai pas la plume sans te dire toute ma pensée. *Faible et crédule*, voilà ton fait. Il suffit au premier gribouilleur de papier, au déclassé interlope, à l'ambitieux le plus vulgaire, au vendu à tous les pouvoirs, de caresser tes passions, te prodiguer les promesses les plus insensées, pour que tu l'acclames et fasses de lui ton prophète. Brise cette chaîne ; ferme l'oreille à ceux qui te flattent et sèment la haine dans ton cœur, pour te lancer dans les hasards de l'émeute. Rappelle-toi que le travail et l'abondance seuls produisent le bien-être, et que l'abondance n'est jamais sortie des ruines accumulées.

Jette un coup-d'œil sur le passé. Les sociétés antiques fondées sur l'esclavage ont péri par l'esclavage. Plus tard le servage a subi le même sort. Le paysan écrasé par la noblesse, réduit à la misère, s'est soulevé à son tour, et des bandes furieuses ont promené partout le ravage. Qui a rendu ce retour de meurtre, de pillage impossible chez le paysan ? La Révolution qui lui a donné la *propriété*, et qui a fait de lui, révolutionnaire, un homme d'ordre. Et toi, travailleur, qui de serf es devenu prolétaire, ton adversaire c'est la bourgeoisie ; pour avoir ta part au soleil, tu veux aussi une révolution violente. Mais sache que le grand problème du travail et du capital ne se résout pas avec le fusil.

Il faut reconstruire notre vieil édifice. C'est vrai.

Mais quand donc as-tu vu abattre une masure, sans avoir un meilleur abri ? Quand donc as-tu déposé tes guenilles avant d'avoir le vêtement qui doit les remplacer.

Ce n'est pas en cessant, ou en entravant la production que tu seras mieux nourri, mieux vêtu. Ce n'est pas en brûlant les palais que tu seras mieux logé, mais en construisant des palais à la place des chaumières.

Calme donc tes impatiences, qui retardent le succès de ta cause et font la joie de tes adversaires. Ton ennemi le plus implacable, **c'est la misère**, et contre elle ce ne sont pas des armes qu'il faut, mais des outils.

Depuis la nuit du 4 août 1793, la France en est à son *treizième essai de gouvernement*, et toutes ces tentatives, faites en ton nom, n'ont abouti qu'à la conquête de quelques droits politiques assez douteux. Mais de ce qui concerne le *travail*, le *salaire*, la *répartition des produits*, *la concurrence*, rien n'a été résolu. Or toute révolution qui laisse de côté ces grandes questions n'amène aucune amélioration sociale,

Les changements de dynastie ne font que transmettre à d'autres hommes les abus du régime précédent.

N'est-il donc pas triste de voir tous ces agitateurs politiques ne rêver que la conquête du pouvoir, des places et de l'argent, tandis que les questions sérieuses sont toujours négligées ou embrouillées, pour les rendre impossibles.

Peuple, on te parle beaucoup de progrès, d'amélioration, des droits du citoyen, eh bien, veux-tu que je te dise quel est le vrai progrès. C'est celui qui **rend la vie plus facile, et fait vivre honorablement par le travail.**

Rappelle-toi que les hommes de parti *n'apprennent rien, n'oublient rien.* Les partis eux-mêmes en sont *là.* Aussi les conséquences de cette vérité pèsent-elles de tout son poids sur tes destinées.

Que demain Henri V, selon le veu des légitimistes entre à Paris. Ce changement de dynastie, déjà jugé par l'expérience, établira-t-il mieux que celui du parjure qui l'a précédé, *l'accord des intérêts entre le maître et l'ouvrier, entre le propriétaire et le prolétaire, l'accord des individus dans la famille, dans la commune et dans l'Etat,* que l'on remplace une Convention par une Chambre des pairs et de ses députés royalistes, ou par un Sénat et une Assemblée impérialiste, crois-tu que parce qu'elle s'appellera Chambre, ou Assemblée, elle connaîtra mieux les moyens d'organiser la propriété et le travail ? Comment veux-tu que ces hommes qui n'ont jamais compris autre chose que conspirer, renverser, escalader les pouvoirs, puissent être capables d'autre chose que de jouir de la position, au détriment de tes besoins dont ils n'ont nul souci. Chambre, Assemblée ou Constituante, il faut qu'elles cessent d'être une réunion d'hommes *de parti* toujours en lutte pour un chiffon de drapeau sans souci du pays, qu'elles ruinent chaque jour. Ce qu'il faut pour le représenter ce ne sont pas des *Blancs*, des *Bleus* ni des *Rouges*, mais des Francçais ; c'est-à-dire des **Socialistes**. *Savants*, *Artistes* ou *Industriels*.

Peuple, distingue tes bienfaiteurs de ceux qui s'offrent tour à tour pour faire ton bonheur, et affirment que le trône et l'autel sont ta seule planche de salut. Pour cela, ouvre l'histoire. Tu verras que depuis Clodion (Pharamond étant douteux), premier roi de France, jusqu'à Napoléon III, l'homme de Sédan, depuis Simon Barjone, premier évêque de Rome, jusqu'au franc-maçon Pie IX, ta marche à travers ces temps n'a été qu'un long martyre, et que la cour de France, comme celle de Rome, ces foyers de corruption, d'assassinat et de débauche ont fait couler assez de larmes et de sang, pour qu'il monte parfois jusqu'aux marches du trône et au pied de la chaire pontificale.

A côté de ces monstres à face humaine, compare maintenant ces hommes de génie, souvent méconnus ou persécutés, à qui tu dois ce que tu es, depuis le sauvage construisant la hutte, jusqu'à l'architecte traçant les plans d'un palais, depuis celui qui traversait un ruisseau dans un tronc d'arbre ou sur des planches mal assemblées, jusqu'à l'inventeur des hélices à vapeur. Que de progrès accomplis depuis les signes et les cordelettes à nœuds, destinés à conserver le souvenir des événements, jusqu'à l'imprimerie, depuis la lampe à graisse jusqu'au gaz et la lumière électrique, depuis les signaux grossiers jusqu'au télégraphe actuel, depuis les plantes et les fruits sauvages jusqu'à nos cultures variées et nos fruits savoureux, depuis les vêtements des premiers hommes jusqu'aux splendides étoffes qui sortent des fabriques lyonnaises ! Combien d'hommes illustres il faudrait citer, qui ont brillé dans les sciences, les arts et l'industrie, transformant chaque jour la société sans secousse et la poussant vers ses destinées en dépit des tyrans ! Les révolutionnaires politiques ont-ils jamais rendu des services à l'humanité ?

Peuple, hésiteras-tu encore dans ton choix entre les hommes purement politiques et les socialistes ?

Une supposition : Admettons que la peste enlève comme par enchantement tous les monarques, leurs ministres, leurs grands dignitaires, leurs préfets et leurs procureurs généraux, crois-tu que la société serait bien malade ? Eh non. Car il y a derrière eux des milliers d'ambitieux prêts à les remplacer, tant il est facile et lucratif de gouverner à leur manière.

Mais qu'un événement prive le monde des hommes de premier ordre, les chimistes, les physiciens, les ingénieurs, les astronomes, les mathématiciens, les peintres, les musiciens, les puëtes, les philosophes, etc..., et tu verras la société, frappée dans toutes ses branches, faire halte et s'arrêter pour un demi siècle dans la voie du progrès.

Donc, pour être dans la logique, les gouvernements qui *peuvent tout* ne doivent être qu'un *simple rouage administratif*, étant donné qu'ils sont incapables, et que les hommes de génie, les socialistes *sont tout*. Il faudrait donc arriver, par le suffrage, à changer ce qui existe, et mettre les capacités à la place des médiocrités. Mais cette substitution n'est pas chose facile, je le sais ; car les *ambitieux*, les *incapables* qui disposent de la force morale et brutale, du clergé et de la presse, veulent à tout prix nous gouverner.

La presse, dont je n'ai rien dit encore, ne saurait échapper à mes critiques, afin de te prémunir contre elle.

La presse comme l'église est un métier, quand elle

devrait être aussi un sacerdoce. Elle se classe généralement en deux catégories : presse systématiquement ministérielle qui défend les personnes et les actes du gouvernement; presse de l'opposition qui attaque plus systématiquement encore les personnes et les actes du gouvernement. Donc, d'un côté inféodation servile et absolue au pouvoir ; de l'autre inféodation servile et absolue aux partis ennemis du pouvoir. Mais l'indépendance, l'impartialité, la justice, la vérité, vous ne les trouvez nulle part. Aussi la presse tombe-t-elle dans le discrédit par l'abus qu'elle fait des grands mots vides et sonores; elle trompe les lecteurs, les excite, mais ne les instruit pas.

Cette institution qui exigerait de ceux qui s'y vouent : *honnêteté, probité, savoir*, pour servir de lien et d'union entre les citoyens, n'est qu'un dissolvant qui nous conduit à l'athéisme, au bigotisme, à la soif des jouissances, à la démoralisation.

Semblables aux prêtres, les journalistes vendent leurs principes, comme ceux-ci vendent Dieu (1).

---

(1) De même que je l'ai admis; quant aux partis, il y a aussi dans le camp de la presse d'honorables exceptions.

CONCLUSION

» La paix, l'ordre, la liberté, le travail, l'union, la
» religion et le bien-être ne seront jamais le fait des
» partis. Qui dit *parti* dit *ennemis;* qui dit *ennemis,*
» dit *guerre,* qui dit *guerre* dit *misère.* » Ceci est de l'histoire ancienne. Ainsi trois drapeaux, trois partis sont en
présence et se préparent à la bataille, le tout au détriment du pays qui paiera les frais, ce dont ils se soucient
peu.

Le drapeau blanc, quoiqu'en dise son chef, cache dans
ses plis les jésuites, l'ignorance, le fanatisme, l'into-
lérance, l'aumône qui achète les consciences, et l'inquisition.

Le drapeau bleu cache les coups d'état, la déporta-
tion, la guerre à l'extérieur, le despotisme à l'intérieur,
le cumul, le vol, la ruine de nos finances, l'abâtardisse-
ment de l'espèce par la débauche, et, pour couronner le
tout, la lâcheté, la trahison.

Enfin, dans les plis du drapeau rouge se cachent le
communisme et la guerre sociale.

Et voilà ceux qui viennent encore après tant
d'épreuves tentées et si chèrement payées insulter à nos
désastres, se poser à nouveau comme sauveurs et comme
réparateurs des maux dont ils ont été la cause.

Ces partis infectés de fanatisme, par la soif de l'ambition, ne connaissent ni famille, ni patrie, ni humanité, périsse tout cela, pourvu qu'ils triompheut dussent-ils escalader le pouvoir sur les ruines de nos cités, sur les cadavres de ces habitants.

Ils ont à leur service trois terribles auxiliaires : le **mensonge, l'ignorance** et l'**ambition** ; mais le socialisme leur oppose sans cesse trois puissants adversaires, dont la bienfaisante influence prépare les peuples à la fraternité. Ces trois forces, ces trois agents de la révolution positives sont : la **science**, les **arts** et l'**industrie** qui, par leurs travaux amèneront l'accord des intérèts aujourd'hui divisés, entre le travailleur, le commerçant, l'homme de science, et résoudront le problème de l'association du **travail**, du **capital** et du **talent** ; là seulement est le salut, car nous n'aurons plus le règne tyrannique des partis, mais le règne progressif du socialisme.

Peuple, ouvre les yeux, tout est là !

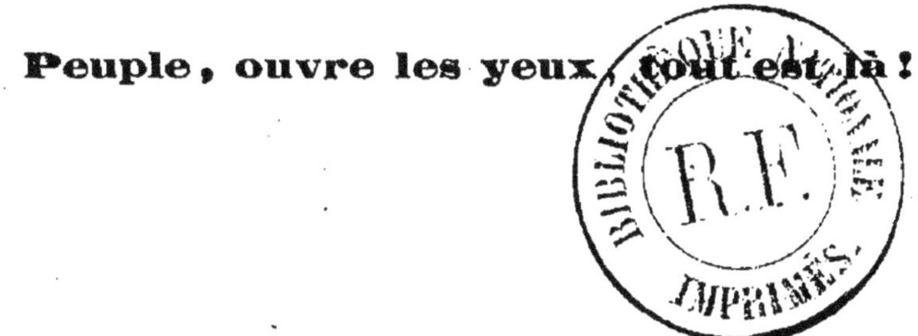

FIN.

Lyon. Imprimerie NIGON. rue Poulaillerie, 2.

www.ingramcontent.com/pod-product-compliance
Lightning Source LLC
Chambersburg PA
CBHW051727050726
47598CB00003B/1083